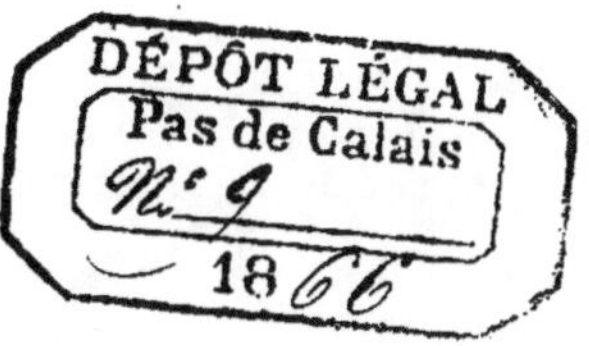

MONOGRAPHIE

DES

PEINTURES A FRESQUE

DE

CHARLES SOULACROIX

DANS LE DÔME DE NOTRE-DAME

A BOULOGNE-SUR-MER,

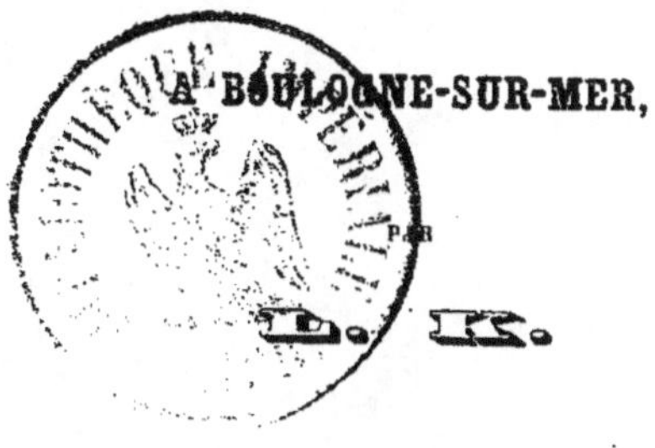

PAR

D. K.

BOULOGNE-SUR-MER.
IMPRIMERIE DE CHARLES AIGRE, 3, RUE DES VIEILLARDS.

1865.

Église-Cathédrale de Boulogne-sur-Mer.

L'histoire de Notre-Dame de Boulogne remonte à l'an 633 ou 636. Dès le XIIIe siècle, le sanctuaire de Notre-Dame est devenu un but de pèlerinage très-vénéré, et a été visité par plusieurs rois de France et d'Angleterre et récemment par l'empereur Napoléon III. La révolution a fait disparaître en 1793 ce monument important.

La réédification de la nouvelle cathédrale est due à la foi et au génie de Mgr Haffreingue, qui en a commencé les travaux en 1827 et en a été l'architecte.

Cet édifice se divise en trois parties, une grande crypte souterraine, un grand dôme adjacent à la chapelle de Notre-Dame, réservé aux pèlerins, et une grande église en forme de croix latine, réservée à la paroisse Saint-Joseph.

La coupole du grand dôme forme à sa base une rotonde, qui communique, par deux grands arcs ouverts, avec la nef et la grande chapelle de la Sainte-Vierge.

De chaque côté de ces arcs sont disposées six grandes niches ou chapelles demi-circulaires, dont la décoration a été confiée par Monseigneur Haffreingue à M. Charles Soulacroix.

Cette notice est une explication simple et sommaire des divers sujets que cet artiste a représentés dans ses peintures.

Parmi ces chapelles, quatre sont destinées à recevoir des autels.

Elles sont distinguées des autres.

Dans la calotte, formant comme une demi-voûte céleste, sous laquelle le Saint-Sacrifice doit être offert, M. Soulacroix a représenté divers sujets religieux. Ce sont des mystères accomplis dans le Ciel et se rattachant tous au sujet du tableau principal.

Les deux autres chapelles, servant de lieux de passage et ayant seulement des reposoirs au lieu d'autels, ne présentent dans leur partie demi-sphérique qu'un ciel étoilé.

Pour procéder avec ordre, nous étudierons d'abord dans sa composition le sujet du tableau principal; puis, nous élevant en quelque sorte de la terre au ciel, nous considèrerons le tableau de la calotte; de là, nous porterons notre examen sur des sujets accessoires représentés de chaque côté du tableau principal; nous terminerons le plus souvent en disant un mot de l'ornementation.

Avant de commencer cette étude, remarquons que sur une corniche figurée derrière chaque autel ou reposoir, l'artiste a établi des colonnes et des pilastres ornés de sculptures. Leur destination est de soutenir architecturalement la décoration de la partie supérieure ou calotte, et de présenter à l'œil du spectateur comme des galeries ouvertes qui lui font voir le tableau principal.

Ces peintures sont peintes à véritable fresque, des fragments anciens de ce genre de peinture se trouvent encore dans la crypte.

PREMIÈRE CHAPELLE

(à gauche de la grande chapelle de la Sainte-Vierge).

Hauteur : 11m 24.—Diamètre : 5m 86 (*).

Le tableau principal représente **LE MYSTÈRE DE L'IMMACULÉE CONCEPTION.**

Le sujet en est indiqué dans cette inscription :

SIGNUM MAGNUM APPARUIT IN CŒLO *(un signe extraordinaire apparut dans le ciel).*

Hauteur : 4 mètres 87.—Largeur : 5 mètres 30.

La sainte Vierge entourée de gloire et revêtue d'un soleil, remercie Dieu du privilège qu'il lui accorde. Des nuages forment autour d'elle une sorte de grotte aérienne et mystérieuse, demeure inaccessible à toute créature mortelle, et qui la préserve de tout contact avec les souillures de ce monde.

Les anges sont dans l'admiration et l'attendrissement devant cette créature bénie, dans laquelle ils reconnaissent leur reine.

Le serpent, dont la Vierge immaculée écrase la tête sous son pied, est désormais incapable de nuire et se sent vaincu.

Au-dessous de la sainte Vierge deux anges, revêtus chacun d'une armure guerrière, chassent les mauvais esprits et les forcent à se précipiter au fond des abîmes. On reconnaît, à la droite de la sainte Vierge, l'archange saint Michel portant sur son bouclier cette inscription : *Quis ut Deus?* (Qui est comme Dieu?). C'est par ces paroles qu'il a raillié les bons anges et vaincu les mauvais.

(*) Ces dimensions sont les mêmes pour toutes les chapelles.

Une colonne, à gauche du tableau, porte au bas cette inscription : TOTA PULCHRA ES, MARIA, ET MACULA ORIGINALIS NON EST IN TE. *(Vous êtes toute belle, ô Marie, et la tache originelle n'est pas en vous).*

Au bas d'une colonne à droite, on lit cette autre inscription : INIMICITIAS PONAM INTER TE ET MULIEREM... IPSA CONTERET CAPUT TUUM. *(Je mettrai des inimitiés entre toi et la femme... elle t'écrasera la tête).*

PARTIE SUPÉRIEURE.

Diamètre : 5 mètres 86. — Rayon : 2 mètres 93 (*).

Dans le tableau de la calotte, Dieu le Père, qui, de toute éternité, formait dans sa pensée la Vierge immaculée, révèle son dessein aux anges. Il leur montre dans toute sa beauté de son type la créature bénie. Les anges sont pénétrés de reconnaissance pour la gloire que Dieu donne au Ciel, et ils adorent la sagesse divine.

Deux anges représentent la cour céleste, l'un, à la droite du Père éternel, exprime plus particulièrement la reconnaissance ; l'autre plus particulièrement l'adoration et le respect.

AVE FILIA DEI PATRIS. *(Salut, fille de Dieu le Père).* Cette inscription indique la salutation adressée par les anges à la Vierge immaculée.

Sur une autre inscription, placée au-dessus de la première, on lit : BEATA VIRGO MARIA, IMMACULATA CONCEPTIO TUA MAGNUM GAUDIUM ANNUNTIAVIT UNIVERSO MUNDO. *(Bienheureuse, Vierge Marie, votre Immaculée Conception est pour le monde entier l'annonce d'une grande joie).* Ce sont les paroles de félicitation de la cour céleste.

(*) Ces dimensions sont les mêmes pour toutes les parties supérieures.

Tableaux accessoires, à gauche et à droite du tableau principal.

Hauteur : 2^{m} 30. — Largeur : 1^{m} 40.

Celui de gauche représente Adam et Ève chassés du paradis terrestre à cause de leur désobéissance. Ce sujet rappelle le péché originel, dont la sainte Vierge est exempte dans son Immaculée Conception.

Il porte cette inscription : ADAMUS ET EVA. ET EMISIT EUM DOMINUS DEUS DE PARADISO VOLUPTATIS. *(Adam et Ève. Et Dieu le chassa du paradis de délices)*.

Sur celui de droite le pape Pie IX, éclairé du Saint-Esprit, tient en main le décret proclamant l'Immaculée Conception.

Il porte cette inscription : PIUS. P. P. NONUS, CONCEPTIONIS IMM. B. M. V. DOGMA PROMULGAVIT. *(Le pape Pie IX promulga le dogme de l'Immaculée Conception de la bienheureuse Vierge Marie.)*

Dans la décoration de la calotte, on lit sur une bande verte cette inscription : AVE TEMPLUM S. S. TRINITATIS. *(Salut, temple de la Très-Sainte-Trinité)*. Cette salutation des anges se retrouve dans toutes les autres décorations supérieures.

L'ornementation de la calotte, dans sa partie sur fond vert, a pour sujet le lys, emblême de la pureté de la sainte Vierge. Dans sa partie sur fond rouge, elle a pour sujet la colombe de Noé, indiquant que la colère de Dieu est apaisée. Elle contient, divisée en quatre parties, l'inscription suivante : SINE LABE ORIGINALI CONCEPTA. *(Conçue sans la tache originelle)*.

DEUXIÈME CHAPELLE

(A gauche de la grande chapelle de la Sainte-Vierge).

Le tableau représente le

MYSTÈRE DE LA NATIVITÉ.

L'inscription indicative du sujet est la suivante :

AVE MARIS STELLA, DEI MATER ALMA *(Salut, Étoile de la mer, auguste Mère de Dieu).*

Hauteur: 4^m 87.—Largeur: 5^m 30.

Sainte Anne offre au Seigneur l'Enfant tant désiré qu'il vient de lui donner; saint Joachim, qui avait pendant longtemps aussi demandé cette bénédiction, remercie Dieu d'avoir exaucé sa prière. Un rayon de gloire illumine la sainte Vierge.

Des femmes se préparent à donner leurs soins à l'Enfant nouveau-né ; ne se doutant pas du mystère qui vient de s'accomplir, elles font les mêmes dispositions que pour une naissance ordinaire.

Au bas de la colonne de gauche on lit cette inscription : AB INITIO ET ANTE SÆCULA CREATA SUM *(J'ai été créé dès le commencement et avant les siècles).*

Au bas de la colonne de droite est cette autre inscription : ELEGIT EAM ET PRÆELEGIT EAM *(il l'a choisie par un choix particulier).*

PARTIE SUPÉRIEURE.

Le tableau de la calotte représente la réjouissance du Ciel.

La sainte Vierge enfant, entourée de gloire et

assise sur un trône, contemple la Sainte-Trinité. Elle témoigne par un geste la joie que lui procure la vision divine. Deux anges saluent la nativité de la sainte Vierge et jettent des fleurs en signe de réjouissance.

AVE TEMPLUM SS. TRINITATIS ! *(Salut, temple de la Très-Sainte-Trinité !)* Cette inscription désigne la salutation des anges.

Une inscription placée au-dessus de la première exprime la joie de la Cour céleste.

GAUDEAMUS OMNES, QUIA HODIE NATA EST REGINA CŒLI ET TERRÆ. *(Réjouissons-nous tous, car en ce jour est née la reine du ciel et de la terre.)*

Tableaux accessoires.

Hauteur : 2^{m} 00. — Largeur : 1^{m} 10.

Celui de gauche représente la naissance d'Ève. Elle est formée d'après le type de la sainte Vierge, représentée au-dessus.

Dans celui de droite le Père éternel, en présence d'Adam et d'Ève, maudit le serpent, et lui prédit qu'une femme lui écrasera la tête.

Le premier tableau porte les armes du pape Pie IX ; le second, les armes de Mgr Haffreingue.

Ornementation de la calotte. — L'encadrement sur fond rouge est composé d'une part d'un assemblage de feuilles de lys et de feuilles de chêne, de l'autre de feuilles de lys et de feuilles de vigne.

Le premier tableau porte cette inscription : CUMQUE OBDORMISSET TULIT UNAM DE COSTIS EJUS, ET ÆDIFICAVIT DOMINUS DEUS IN MULIEREM.[1] *(Pendant qu'Adam dormait, Dieu tira une de ses côtes, et en forma le corps de la femme).*

Le deuxième tableau porte cette inscription : IPSA CONTERET CAPUT TUUM ET TU INSIDIABERIS CALCANEO EJUS. *(Elle t'écrasera la tête et tu chercheras à la mordre au talon).*

TROISIÈME CHAPELLE.

Le tableau a pour sujet **LA PRÉSENTATION.**

Ce sujet est indiqué par l'inscription suivante :

AVE PUELLA, TOTA PULCHRA ES, A DEO DILECTA. *(Salut, Enfant, vous êtes toute belle et choisie de Dieu).*

Hauteur : 4^{m} 00. — Largeur : 9^{m} 23.

La sainte Vierge s'avance avec une résolution arrêtée, portant sur sa tête une couronne de fleurs et tenant un cierge à la main. Le manteau dont elle est revêtue indique qu'elle accomplit un acte d'une gravité au-dessus de son âge. Le grand-prêtre et les lévites sont sortis du temple et viennent au-devant d'elle pour la recevoir.

Sainte Anne, qui quitte son enfant, ne peut se résigner sans tristesse à cette séparation. Saint Joachim, les yeux fixés sur la sainte Vierge, médite sur le grand acte qu'elle accomplit.

Derrière le grand-prêtre et les lévites, viennent Anne la prophétesse et les vierges consacrées au Seigneur. Elles sont toutes aussi sorties du temple.

Parmi les lévites, à droite du grand-prêtre, l'artiste a représenté Mgr Haffreingue.

Du côté de sainte Anne et de saint Joachim, on remarque diverses personnes. Elles sont toutes attirées par la curiosité. Plusieurs d'entre elles se retournent en arrière et semblent en appeler d'autres.

Derrière le tableau on aperçoit le grand portique du temple; au-dessus on découvre la ville de Jérusalem, et l'on distingue parmi ses divers monuments la tour de David, voisine du temple.

Ornementation. — Au-dessous de l'inscription, l'ornementation, sur fond bleu, présente un cœur et une colombe, symbole de la pure offrande que la sainte Vierge fait au Seigneur.

Dans la partie tout-à-fait inférieure, on remarque le chiffre de la sainte Vierge.

QUATRIÈME CHAPELLE.

Le tableau principal représente le mystère de

L'ANNONCIATION.

Hauteur : 4^m 84. — Largeur : 5^m 46.

Le sujet en est indiqué par cette salutation de l'ange : AVE, GRATIA PLENA, DOMINUS TECUM, BENEDICDA TU IN MULIERIBUS. (*Je vous salue, pleine de grâce, le Seigneur est avec vous, vous êtes bénie entre toutes les femmes.*)

Un ange descend du ciel. Il est plein de respect pour la sainte Vierge, à laquelle il va se présenter. Le saint Esprit, entouré de gloire, répand sur elle un rayon de lumière. Avertie de la grâce qui lui est faite, Marie s'incline, et s'humilie profondément devant le divin message.

A gauche du tableau du côté de l'ange, est cette inscription : ECCE VIRGO CONCIPIET ET PARIET FILIUM, ET VOCABITUR NOMEN EJUS EMMANUEL. (*Voici qu'une vierge concevra; elle enfantera un fils, et il sera appelé Emmanuel.*)

A droite du tableau, du côté de la sainte Vierge, est cette autre inscription : ECCE ANCILLA DOMINI, FIAT MIHI SECUNDUM VERBUM TUUM. (*Voici la servante du Seigneur, qu'il me soit fait selon votre parole.*)

PARTIE SUPÉRIEURE.

Dans la calotte un tableau représente la Venue du Messie.

Jésus-Christ, étendant les bras, descend du ciel sur la terre. Son amour pour les hommes est partagé par les anges, qui lui témoignent leurs désirs et leur joie.

La salutation des anges est désignée par cette inscription : AVE MATER DEI FILII. (*Salut, mère de Dieu le Fils.*)

Une autre inscription, placée au-dessus, indique le chant qu'ils font entendre du haut du ciel : RORATE CŒLI DE SUPER, ET NUBES PLUANT JUSTUM ; APERIATUR TERRA ET GERMINET SALVATOREM. MITTE QUEM MISSURUS ES. (*Cieux, envoyez votre rosée, et que les nuées pleuvent le juste ; que la terre s'ouvre et qu'elle produise un sauveur. Envoie celui que tu dois envoyer.*)

Plus haut on lit une autre inscription : AVE TEMPLUM SS. TRINITATIS. (*Salut, temple de la Très-Sainte-Trinité.*)

Tableaux accessoires.

Hauteur : 1m 22. — Largeur : 0m 95.

A gauche du tableau principal sont représentées la Foi, l'Espérance et la Charité, vertus chrétiennes que Jésus-Christ apporte à la terre.

A droite est représentée la Communion. Dans l'Eucharistie, Jésus-Christ, qui s'est donné à l'humanité par sa naissance, se donne à chaque homme en particulier.

Ornementation. — Dans la partie supérieure, la bande rouge contient des vases d'où sortent des lys ; au-dessus sont des épis de blé. La bande rouge circulaire représente dans sa décoration des grappes de raisin.

Le lys est l'emblême de la pureté de la sainte Vierge. Les épis de blé et les grappes de raisin représentent le corps et le sang de N. S. sous les espèces du pain et du vin.

Derrière l'autel, l'ornementation comprend des guirlandes de raisin.

On remarque l'écusson de l'empereur Napoléon III et celui de la ville de Boulogne.

CINQUIÈME CHAPELLE.

Le tableau principal représente le MYSTÈRE DE LA VISITATION.

Hauteur : 4m 84. — Largeur : 5m 46.

ET UNDE HOC MIHI UT VENIAT MATER DOMINI MEI AD ME ? (*D'où me vient que la Mère de mon Seigneur vienne à moi* ?) Cette inscription exprime le sentiment d'humilité de sainte Élisabeth devant la sainte Vierge.

Sainte Élisabeth se rend au-devant de la sainte

Vierge et s'humilie devant elle. La sainte Vierge tressaille de joie et répond à ses paroles par le *Magnificat*. Zacharie, de son côté, devance saint Joseph. L'âne qui accompagne la sainte famille tient un pied en l'air et ne s'est pas encore arrêté.

Suivant une légende, la servante d'Élisabeth, qui la tourmentait par ses impatiences, se convertit à la vue de la sainte Vierge. Elle est représentée dans cette femme qui occupe l'extrémité du tableau à droite.

Suivant une autre légende, une courtisane se convertit à l'arrivée de la sainte Vierge. Elle est représentée dans le fond du tableau. A côté d'elle, un petit amour jette dans un puits ses flèches devenues inutiles. Il symbolise l'amour païen se sentant vaincu par l'amour du Christ.

Au bas d'une colonne à gauche, du côté de sainte Élisabeth, on lit cette inscription : BEATA QUÆ CREDIDISTI. (*Bienheureuse, vous qui avez cru*).

Au bas d'une colonne à droite, du côté de la sainte Vierge, est cette autre inscription : QUIA RESPEXIT HUMILITATEM ANCILLÆ SUÆ (*Car il a regardé l'humilité de sa servante*).

PARTIE SUPÉRIEURE.

Dans le tableau de la calotte, le Saint-Esprit contemple son épouse. Les anges adressent à la sainte Vierge cette salutation : AVE SPONSA, SPIRITUS SANCTI. (*Salut, Épouse du Saint-Esprit*). Ils portent des banderoles sur lesquelles sont écrits les dons du Saint-Esprit, qui sont aussi ceux de son Épouse.

Tableaux accessoires.

Hauteur : 0m 75. — Largeur : 0m 75.

De chaque côté du tableau principal est un médaillon.

Celui de gauche représente St. Jean-Baptiste enfant prophétisant par la bouche de Ste Élisabeth. Il porte cette inscription : TU, PUER, PROPHETA ALTISSIMI VOCABERIS. (*Enfant, tu seras appelé le fils du Très-Haut.*)

Celui de droite représente l'enfant Jésus tenant dans la main un rameau d'olivier, signe de paix. Il porte cette inscription : FILIUS ALTISSIMI VOCABITUR. (*Il sera appelé le fils du Très-Haut.*)

Ornementation.—Dans la calotte, la bande violette porte des feuilles de chêne, signe de force.

La bande violette circulaire contient dans son encadrement cette inscription : AVE, TEMPLUM B. TRINITATIS. (*Salut, Temple de la bienheureuse Trinité.*)

Au-dessous de l'inscription du tableau principal l'ornementation a pour sujet des guirlandes d'épi. Les tentures vertes portent le chiffre de la Vierge et celui de Jésus.

SIXIÈME CHAPELLE.

Le tableau représente le mystère de la **PURIFICATION DE LA SAINTE VIERGE.**

Hautr : 4m 00.—Largr : 9m 23.

La sainte Vierge, faisant acte de soumission à la loi, vient présenter son enfant au temple pour la cérémonie de la purification. Le vieillard Siméon, transporté de joie, s'écrie : NUNC DIMITTIS SERVUM TUUM, DOMINE. (*Maintenant, Seigneur, laissez mourir en paix votre serviteur.*) Sur un autel sont posés deux colombes et un panier de fruits. Un prêtre, entouré de lévites, lit les paroles de la solennité.

A droite, Saint Joseph compte à un prêtre les cinq sicles.

A gauche, Anne la prophétesse, accompagnée des jeunes filles consacrées au Seigneur, reconnaît la sainte Vierge et se prosterne.

Le fond représente l'intérieur du temple avec les colonnades du sanctuaire et le voile qui cache le saint des saints. On remarque le côté réservé aux hommes et le côté réservé aux femmes.

Ornementation.—L'ornementation dans la partie supérieure porte des palmes.

Dans la partie inférieure les panneaux représentent un agneau, une croix, des colombes se désaltérant à la source de vie, des vases sacrés ornés de guirlandes, et plus loin à gauche, entre les chambranles, une couronne d'épines avec des clous.

Sur la porte est le portrait de Saint Pantaléon, avec cette inscription : ORA PRO NOBIS, BEATE PANTALEO. (*Bienheureux Pantaléon, priez pour nous.*)

On remarque d'un côté la coupe et le serpent, emblêmes de la médecine, de l'autre les palmes, emblêmes du martyre.

En dessous est l'inscription suivante. PRO GRATIA. CAROLUS SUB CRUCE, MDCCCLVIII. (*Pour grâce Charles Soulacroix, 1858.*) *Hommage de l'artiste choisi par son intercession.*

www.ingramcontent.com/pod-product-compliance
Lightning Source LLC
LaVergne TN
LVHW050516160826
845677LV00003B/1160

* 9 7 8 2 3 2 9 6 3 2 7 5 9 *